Zacharia SALL

Lorsque tombent les silences

suivi de

Seul l'exil est ma cure

Poésie

Pierre Turcotte Éditeur
Collection Magma Poésie

Sommaire

Lorsque tombent les silences 9

I 11

II 12

III 13

IV 14

V 15

VI 17

VII 18

VIII 19

IX 20

X 22

XI 24

XII 26

XIII 28

XIV 30

XV 32

XVI 34

XVII 36

XVIII 38

XIX	39
XX	41
XXI	43
XXII	44
XXIII	45
XXIV	46
XXV	48
XXVI	50
XXVII	51
XXVIII	52
XXIX	54
XXX	56
XXXI	58
XXXII	60
XXXIII	62
XXXIV	64
XXXV	65
Seul l'exil est ma cure	67
I	69
II	71
III	73

IV	75
V	77
VI	78
VII	80
VIII	81
IX	83
X	85
XI	86
XII	87
XIII	88
XIV	90
XV	92
XVI	94
XVII	96
XVIII	99
XIX	101
XX	103
XXI	105
XXII	106
XXIII	108
XXIV	110

XXV   111

XXVI   112

XXVII   114

À propos de l'auteur   116

Du même auteur   117

Lorsque tombent les silences

À Dior Kébé que je choisirai encore dans mille vies ;
grâce à toi, je respire toujours la vie des anges.

I

L'enfance des temps de rire imprimée sur les ailes des papillons ; l'enfance à chevaucher dans les jardins d'herbes ; et les souvenirs des forêts vivant de mes vœux de rose ; ô le rappel, et je me rappelle le paradis des jours de jouissance dans mes yeux vides d'amertume !
Et voyez ! Mon enfance fut un échange des saveurs d'innocence – un fruit sauvage à croquer par mille bouches bavant de bien. Un fruit d'amour à savourer avec des sourires, avec des pieds, avec des mains aussi larges que le cœur de la terre. Oui, un fruit à partager sous le lit pendant les heures de sieste avec des microbes.
Et le soir, tous les soirs, chaque soir, la routine—des jeux se terminant par des larmes de mômes.
Des pleurs de séraphins lorsque le soleil trouvait refuge dans nos gros yeux de gamin.
Et des cris de triomphe pour le plus fort d'entre nous. Et j'ai toujours supporté le plus fort pour être fort de sa force.
Combien d'images d'amour colonisent mes souvenirs d'enfance ! Combien de voix vocifèrent maintenant dans mon cœur mille vérités de mémoire :
« Dans ton cœur le temps ne signifie rien. Le temps est mort, le temps est vie.
Dans ton cœur le temps titille ton âme seulement au milieu de la nuit ».

II

Mais la nuit n'accorde plus de temps au jour de mes émotions. Mais les étoiles n'habitent plus mes rétines même les jours de repos. Et les secondes fuient dans mes regrets sans cesse. Car j'ai grandi, hélas.

Et j'aimerais te dire maintenant que ma vie est une fleur fanée. Mais je crains les clichés et les images simples. Je crains les boutades des bouches ayant sucé de la rose toute la couleur. Du jour, toute la lumière. De l'homme, toutes les qualités.

Or, je tais mon adolescence depuis que les heures l'ont fumée. L'horloge chante le chant de mes souffrances.

Et j'ai grandi et je fume comme le temps ma vie. Car après tout, elle m'appartient. Et je suis l'unique propriétaire de mes larmes. Car après tout, j'ai hérité des coups du chaos.

Et orphelin, la solitude m'adopte. Et je vis désormais dans un foyer aux toits de folie.

III

Et folie, l'autre nom inconnu de l'éveil.

J'ai connu l'âge du désir, l'âge de l'éphémère des pouls—un poème d'éphèbe dans le cœur d'une pucelle.
J'ai connu l'âge de l'ivresse, l'âge des chutes du corps dans les bêtises du plaisir. Mais l'ivresse ne m'a jamais quitté, la folie non plus. Et je suis ivre fou à plein temps même pendant mes heures de calme.
Ivre fou de paroles lorsque les silences m'abandonnent ; seul l'Éphémère reste le soleil de mon royaume.
Seul l'Éphémère me dicte les messages de l'âme :

« Les hommes ne sont jamais égaux face à l'épreuve de la peine, mais le soleil leur sourit pourtant de la même façon. Et toujours du même sourire suspect et invisible. »

IV

Et du même sourire invisible, je me rappelle mes oublis—les parfums de mes cauchemars à mes heures de sieste. Et mes narines qui bougent comme au milieu du déluge, les arbres.

Et une vieille dans la rue, et un enfant en guenille—maman et moi dans la complicité des instants statiques. Le mouvement est la mort, et moi, je suis un battement de cœur. Le bruit est mon royaume, et le souvenir, mon empire. Je suis une mélodie d'un tam-tam percé par le temps qui s'écoule. Le capharnaüm des grandes heures de ténèbres. Je suis le sifflement de la pluie qui étouffe le ciel. Le tonnerre sans ton que l'éclair insulte.

Mais je connais mon identité, je connais mon destin—le contraire opposé à tous mes moments d'amnésie.

V

Et mes moments d'amnésie font silence dans mon âme. L'aube arrive sur moi comme une monture claudicante. Elle arrive avec les images de mes premières amours déchirées.

Le jour est gris dans ma contrée depuis des jours. Les arbres dansent la danse de la nostalgie à midi. Mes yeux s'ouvrent à minuit lorsque s'ouvrent les fleurs mystiques de mes misères. Et je vois des visages de femmes que mon cœur reconnaît.

Certes, j'ai grandi, mais combien dans la peine du silence ! Combien dans l'incapacité de revivre à fond chaque folie d'amour !

Combien dans l'idée d'une passion intarissable dans mon sein ! Mais tout rejoint désormais le vide comme le spleen dans mon fond.

Et pourtant, je voudrais encore aimer comme personne sur terre. Je voudrais tomber amoureux et faire cette violente chute avec ma raison dans un puits.

Je voudrais être l'oasis de la lune en plein désert. Je voudrais être la seule source d'eau d'un pays de femmes aux cheveux d'île.

Je voudrais encore perdre mes esprits, et me réveiller dans un lit avec une étoile toute nue.

Mais tout dans mon cœur épouse les pierres des montagnes depuis quinze ans. Et depuis quinze ans, j'ai grandi sans doute avec des roches qui s'accrochent à mes paroles.

Et maintenant mes émotions tombent avec des verbes qui pensent l'amour. Et sempiternellement m'interrogent mes craintes :

« Comment aimer avec de lourdes paroles de pierre ?
Comment tomber dans les prunelles d'une dame quand tout
dans l'âme tient debout les montagnes de remords ? »

VI

Et les remords me montrent l'âge des larmes quand les
montagnes me parlent des saisons de mes failles. De
l'empire de l'erreur que j'ai bâti dans l'innocence et dans les
seins des demoiselles de beauté qui haïssent mon histoire.

Mais je connais mon histoire et mes failles d'antan. Je connais
mes chutes comme le pays de mes secrets. Car l'horloge
chante toujours le tic-tac de mes fautes. Car les heures
portent les secondes de mes erreurs.

Mais je connais ma grande devise d'homme d'échecs—une
larme à trouver dans un océan introuvable.

Je connais mes rêves, je connais mes peurs aussi immenses
qu'un pays—tomber sans me relever dans les yeux de celles
que mes mots ont molestées.

Mais j'ai grandi et m'élèvent désormais les remords. J'ai grandi,
je me connais et me hais parfois comme un homme.

Mais s'il est vrai que les regrets sont des purgatoires de l'âme,
alors mon esprit deviendra tôt ou tard le paradis de mon
cœur.

VII

Mon cœur s'alourdit des couleurs de ses passions depuis
　　quinze ans– un grimoire devant tous les hommes aux
　　sourires de paix.
Mais qui saura lire les secrets de mon sein et les messages de
　　mes lèvres les jours de fête ?
Qui saura conter mon existence avec les ailes des colombes ?
　　Ma légende avec les ténèbres des abysses ?
Qui saura révéler aux hommes mes rêves, mes espérances
　　même devant la dépouille livide de maman ?
Qui saura répondre aux attentes de mon âme aux mots
　　insonores de solitude ?
Qui saura boire mes peines d'un regard de compassion, et puis
　　d'un trait, d'une parole de pluie laver tout mon passé ?
Nullement, mon cœur n'est maître de mes émotions. Point mon
　　esprit ne gouverne mes idées.
Car en moi, tout se soumet sans doute à mon histoire. Car la vie
　　de l'homme est toujours l'esclave du temps.

VIII

Et le temps est un voyage, un voyage libre vers la chute de tout
ce qui avance. Le temps est une rencontre de tout ce qui
passe par le trépas. Le temps porte, porte la couronne de
nos torts.

Et voilà que j'ai froid là où le soleil est maître des lieux. Et voilà
que je veille dans les terres d'insomnie à côté des silences
qui tombent pendant les heures de ténèbres.

Et les âges frigorifient mon être. Mes yeux s'assombrissent
comme les yeux des orphelins. Et la fièvre m'habite quand
les voix d'ailleurs m'accueillent avec leurs verbes.

Je voudrais appartenir aux temps des herbes vertes–fumer
toutes les saisons sauf l'hivernage.

Je voudrais habiter l'horizon un seul instant, et être l'héritier du
soleil levant des mers lointaines–une vague plus forte que
les roches de l'océan.

Mais tout dans mon âme est inscrit dans les lignes qui s'effacent
comme les pas des passants dans le désert. Tout dans mon
âme épouse l'éphémère même pendant les moments de
colère continue. Mais avant que la fin ne m'appelle un jour,
j'aimerais vivre en poète même pour un jour.

IX

Un jour, deux jours, trois jours et l'insomnie m'appelle comme
l'aventure me hèle. Je déchire les diplômes de ma vie et
m'exile au pays des hommes de neige.
Là-bas, le ciel se couche dans mes prunelles la nuit. Et le jour,
l'éveil devient mon compagnon aux mots de lacune.
J'ai quitté mon royaume pour un peu de sel dans ma mémoire.
Un peu de parfum, un peu d'épices dans mon cœur— le rêve
qui habille chacun de mes sourires de survie.
Ô espérance !

J'ai quitté mon royaume pour vivre, vivre en dehors des terres
qui cachent le corps de ma mère. En dehors des cimetières
de ma joie d'enfance— l'insouciance pendue dans l'azur de
mon futur fuyant.
Mais entre nous, le chant de la souffrance est partout pareil.
L'ombre de l'inconnu se fait un ciel partout— un incendie de
nos lumières cachées au devers de nos soupçons.
Entre nous, la bêtise devient toujours le recueil de nos
croyances de nuit. Et l'amour laisse un peu de place au
linceul. Un peu de place à la misère des aubes sans
destination.
Entre nous, j'ai vu mille hommes suffoquer au fond de l'océan.
Mille visages noirs sans cercueils dans le désert— les réfugiés
des lacunes que l'abîme accueille.
Entre nous, j'ai entendu mille insultes sur ma couleur, mais la
pire est celle qui assimile mon âme au néant—ô homme que

l'affront élève aux lieux d'ici-bas !

Entre nous, j'ai souffert de chaque regard de haine. Souffert de chaque parole perçant ma fierté de fils du soleil.

Alors voyez, vous hommes des contrées civilisées, ma civilisation naît encore de votre injustice d'homme !

Entre nous, le choc est mon alcool lorsque l'amertume me monte au cœur. Lorsque l'ivresse me conduit aux pays des chimères où chaque homme est un vers de vertu. Une prose d'un livre jamais écrit. Un poème d'amour jamais encore récité jusque-là.

X

Et jusque-là, je cherche mon futur partout où mes talons laissent
des plaies rouges de mon sang. Et j'ai trop couru depuis ma
naissance. Mais mon avenir ne mène toujours nulle part ; il
épouse les statues au nez coupé du passé.
Les vents ivres nomment mon image depuis des décennies. Les
neiges d'Europe m'accueillent avec leur voix de froideur. Et
je tremble comme tremblent les terres d'Haïti les nuits de
catastrophe. Et je réponds à l'hiver avec le claquement de
mes dents.
Avec ma fièvre.

Avec toute ma rage de vivre.

Aujourd'hui, les jours passent, l'insomnie m'assomme. Le froid
m'embrasse, la misère m'embrase. La solitude rote mes
chagrins à minuit. Et au matin, mes yeux s'alourdissent de
mes larmes et de mes angoisses d'émigré.
Je pleure et me manquent les beautés de chez moi. Les rues
déchirées, les cases chaleureuses. Et me manquent la nature
rose, les vertes forêts de ma terre natale—ô Casamance
mienne, ô mère de ma mère ! Tout rejoint l'absence dans
mon cœur lourd d'absence.
Tout me manque et je pleure et pense à mon passé. Mais me
manquent les salamalecs des vieilles aux pagnes d'herbes.
Me manque le parfum du thé, de la menthe dans les rues de
boue. Me manque le soleil aux sourires d'enfant plein de

caprices.

Tout me manque et je pleure mes peines la nuit. Me manquent les voix des mendiants les heures de repos. Le bruit des voitures aux voix de pollution. La voix du muezzin toutes les heures de prière.

Et j'aimerais prier, mais j'ai grave faim aujourd'hui. Et mon ventre crie le cri de la misère pendant les heures de calme.

Et la nuit arrive et ma bouche s'ouvre comme une porte sans serrure. Ma langue tombe, et j'ai grave faim aujourd'hui.

Mais point de pain, point de grains dans mon coin de solitude. Et là, tout me manque, hélas, même la foi en Dieu.

Et sans doute, je dormirai sans prier et sans croyance aujourd'hui. Je dormirai avec pour seule conviction un espoir banal—ouvrir mes yeux avec tout mon souffle demain. Et survivre aujourd'hui en embrassant grave le jour demain.

XI

Mais demain est une arnaque du destin, une poudre aux yeux ;
les anges de mes sommeils me l'ont révélé.
Ils m'ont dit l'avenir dans les courbatures de mon corps. Dans
les repos de mes rêves tourmentés.
Dans chaque pas de mon regard perdu dans un horizon de
brume.

Ils m'ont dit l'espérance des jours boudeurs. La foi en la folie
des astres qui explosent. La conviction des roches résistant
aux coups des vagues.
Les anges de mes sommeils m'ont dit les secrets de l'amour du
risque :

« Va l'honneur chercher partout où le péril détient son trône. Va
les tonnerres dompter aux lieux où les couleurs se
dispersent. »
Et j'ouvre les yeux et le froid me torture. Deux hommes passent
sur le trottoir de mon regard. Un chien me fixe comme me
sourit ma famine, et je me lève et fais la manche pour fuir la
misère.
L'instinct m'a volé ma noblesse, l'exil, mon choix. Et me voilà
plus pauvre que le plus pauvre des hommes !
Et me voilà assis avec une sébile sans sous pour recueillir
l'amour des passants qui se hâtent !
J'erre depuis des mois dans les rues d'un pays qui fait la tête au
soleil. Je tombe malade avec l'air glacial dans mes poumons.

Et la fièvre me guérit de la famine ce soir de doute.

J'erre à présent avec mon ombre sur mon dos courbé. Les heures portent le message de l'ignominie. Et je me bouche les oreilles pour ne rien entendre. Car j'aimerais que le silence soit mon maître.

J'aimerais fuir la voix des heures qui véhicule le chaos. Puisque je veux vivre et m'enivrer des couleurs de l'arc-en-ciel, des couleurs du lait de l'horizon. Je veux oublier l'avenir et porter le présent comme mon souffle lorsque le doute fait un clin d'œil à mes rêves.

Désormais, je vomis toute idée d'avenir dans ma tête, car demain est une grande arnaque du destin.

XII

Le destin m'interpelle maintenant par mon refus du sommeil. Les corbeaux croassent au-dessus de mon crâne. La pluie tombe comme tombent mes traumatismes. L'hiver hurle ses derniers vents dehors. Et je passe les secondes à séduire la pleine lune.

Je dis deux poèmes, deux petits poèmes d'exil à mille quidams qui passent comme passants, et chacun d'eux dépose un sourire et des pièces entre mes mains.

J'écris mille vers aux voyageurs sans bagages, mille strophes aux gens qui se hâtent— des vers d'horizon et des strophes d'azur.

Et me rassure le poème aux heures de mes soupçons. Je suis l'enfant des verbes du doute.

Ô, je ris du rire des inconnus ! Et l'aube habite mes prunelles depuis neuf nuits—la seule locataire de mes espérances.

Et depuis neuf nuits, un chien me suit sans arrêt. Il aboie chaque soir mes craintes lorsque j'écris mes poèmes. Il aboie ma solitude à la fraîche, et sa voix colonise petit à petit comme l'été mes paroles, à la prune. Sa voix dompte mes douleurs le jour.

Et avril arrive, arrive avec l'apologie de l'été. Il arrive avec la chaleur de l'Afrique en France.

Avril arrive avec l'ivresse du soleil gerbant ses rayons sur ma peau. Et mouillé, mon corps pue partout l'épuisement. Partout la vie. Partout l'odeur des galaxies qui s'alignent.

Ô pour la première fois, les rêves prennent dans mes siestes l'image des étoiles qui hébergent des océans.

Pour la première fois, le ciel appelle mon nom quand l'arc-en-ciel écrit mes espoirs sur les nuages qui voyagent.

Et je sursaute et me réveille avec un rictus d'euphorie. Un homme me fixe, et mon chien me lèche le visage.

Aujourd'hui, je sais mes songes, je sais mes soupçons. Et j'irai là où me mène ma liberté.

J'irai partout visiter l'âme des hommes et l'esprit des choses. J'irai libérer dans un poème ma légende.

XIII

Légende !

Je revendique ma légende à mes cicatrices. Seul l'humain est la
    clé de ma voûte, la plénitude de ma poitrine de poète.
Mais voyez !

La colombe tombe et se brise les ailes. Et les corbeaux
    croassent des notes de révolte sur l'arbre.
Voyez !

Ils disent que je suis un nègre.

Ils disent que je suis un homme de couleur qui leur vole des
    bananes. Voyez !
Ils m'appellent « émigré ».
Ils refusent de dire mon nom depuis qu'ils boivent mes vérités.
    Et depuis longtemps, et longtemps—depuis l'époque des
    lapidations et des lynchages des sorcières.
Et mille ans depuis qu'ils boivent mes droits.

Depuis la nuit des chaînes et de l'aube du dépouillement—
    l'alcool de l'oubli versé dans la mémoire des hommes
    d'ombre.
Voyez !

Nègre, homme de couleur, émigré.

Et où est mon identité dans leurs bouches béantes ? Où sont
    mes légendes, mon histoire dans leurs langues d'homme de
    l'horizon ?
Et voyez !

Les plaies me connaissent plus que leurs savoirs d'autarcie,
    mais elles me demandent ma beauté lorsque l'orage me
    réclame les vestiges de mes cicatrices
Mais depuis mille ans, mille ans que mon corps crispe et habite
    le désastre.
Depuis mille ans, mille ans, il rote ma pudeur dans mes
    entrailles. Mais voyez hommes qui savent voir !
Ma couleur est celle de tous les hommes que l'homme terrasse.
    Car je suis de la race des damnés de la terre.

XIV

La terre frère,

La terre porte plus de peines que d'océans. Plus de larmes que
de pluies.

Et partout, c'est l'éternel retour de mes sinistres—outrages et
mensonges dans leurs saillies étrangères à mes vertiges.
Eh frère !

De quelles planètes viennent leurs évangiles ?
De quels petits royaumes d'hommes sur terre ?

Ils disent connaître mon pays plus que mon père. Plus que mes
frères qu'ils accusent de délit d'allocation.
De délit de vol.

De délit d'emplois inoccupés que leurs rêves colonisent—
chômage de leurs peuples qui refusent les corvées honnêtes
aux blacks. Aux blacks. Aux blacks, frère.
Ils disent connaître mon mal, et massacrent pourtant mon
peuple pour sa pureté—l'éternité de son identité noire.
Et toujours la terre frère,

Toujours, elle tourne, tourne au rythme de l'erreur. Et je travaille
depuis des années dans la rue sans salaire et sans sommeil.
Je travaille, travaille sur les trottoirs et dans les gares avec un

chien à mes côtés.
Je travaille partout où la fraternité se meurt—dire des poèmes
de vertige aux passants.
Et la terre frère,

Elle tourne, tourne au rythme de l'abus. Car aujourd'hui encore,
un homme est mort des mains de mille scélérats.
Un homme est tombé.

Un damné de la terre parmi les hommes.

Un homme est mort des mains des hommes aux convictions de
malade.

XV

Malade ce matin de mardi. Dimanche encore, la messe des émigrés qui dorment dans les cathédrales abandonnées–peuples du soleil dispersés par l'orage. Ils sont mes frères que la crainte fume dans les rues de France et ses faubourgs. Ils ont tous le même tatouage de l'abîme dans leurs regards tatoués d'étoiles filantes.

Et je les vois tous partout, je les vois bien ces émigrés sans papiers. Ils sentent le parfum des océans et des pirogues perdues. Ils sentent le parfum de l'exil et la peine des exilés.

Et je connais leurs grandes nations comme mes rêves. Et ils rêvent toujours du même pays de rêve de leurs rêves. Ils rêvent de la vie lorsque le réel boite dans leurs âmes. Ils rêvent des royaumes de verdure à l'heure des larmes.

Car ils ont la nostalgie de la rosée et le sourire des masques souriant toujours du même sourire de mystère–le chant des arbres et des oiseaux au milieu de l'inconnu.

Et les soirs lorsque les silences dansent la danse des remords et des réminiscences, ces émigrés fument pour coltiner l'atlas de la misère.

Ils fument pour sentir l'odeur de la vie et la fragrance des cigarettes sur leurs habits.

L'odeur des abîmes et des charges aux pays où mille bouches les honorent.

Ô, ces hommes sentent le parfum du vin, le parfum de liqueurs supérieures !

Mais hier, la nuit fut très froide et l'air trop lourd d'obsèques.

Hier, l'honneur est revenu au trépas quand le souffle a rejoint les profondeurs des mondes de l'ombre.
Et là, nos cris gèlent à l'intérieur de nos tripes. Un émigré a vaincu le bruit.
Son âme voyage loin de son corps naufragé.

Loin des attentes chargées de fièvres des regards lointains.

Loin des feuilles tombées du printemps que le vent conduit aux lieux des absents. Et je creuse le poème pour tous mes frères perdus dans les pays de leur perte. Car lorsque le poème devient tombeau, la vie se poursuit et le rêve s'éternise.

XVI

Mais s'éternise ce matin la fumée d'un black-out dans mon sein.
Ce matin, m'appellent les couleurs du crépuscule. Et le ciel
est chauve comme grand-père souriant à l'Éternel dans ma
mémoire.
La folie du hasard joue sur mon visage comme une hyène dans
la savane. Et le temps tresse des expressions de suicide à
l'intérieur de mon cœur.
Des tableaux de brûlures

Des monuments d'incendie qui font fuir la faucheuse partout où
passe mon ombre.
Et tonnent les fleuves de mon cœur comme des veuves vêtues
en fleur de deuil. Ce matin, sont pesantes de larmes mes
paupières. Et je m'assois à terre comme pour attendre et
entendre un hôte venu du gouffre. Un hôte venu des terres
sans sol.
Après les doutes, les cauchemars. Les souffrances grave mortes
qui renaissent à minuit. Les colères glaciales qui congèlent le
corps dans son coin à midi.
Après les maux, les grandes misères—l'arrogance des
ambulances pendant les heures de somme.
Le tic-tac des horloges dans les lieux où règne l'Infini.

Et ce matin, je doute de tous les rires des hommes. Je doute de
toutes les courbettes que m'offrent les passants lorsque
m'affole une abeille butinant une rose affolée.

Je doute de l'innocence des murs quand ils portent les vérités
    de mes frères– les traces de misère qui racontent l'histoire
    de ceux que l'étouffement hante.
Ce matin, je pleure encore à côté d'un chien triste. Et la lumière
    du jour jette des jetons à mes pieds.
Mais ce matin, ce matin, je ne ramasserai rien à terre puisque
    tout m'atterre, hélas.

XVII

Hélas !

M'échappe l'image du bonheur depuis des années. Mais voilà
que son odeur de quête me grise partout où mon aise sèche
sous le soleil de midi. Et je tombe là où je me rappelle mes
grandes crises—mes oublis de cauchemar.
Le printemps me demande sous le regard des fleurs fanées, le
printemps me demande :
« Te souviens-tu du jour où les roses t'ont offert leurs
teintures ? » Mais la réponse est évidente, car je cherche
aujourd'hui leurs couleurs dans les parfums de l'exil.
Le poème me révèle que je colonise depuis longtemps mes
traumatismes. Que j'habite depuis longtemps mes tonnerres
même les jours de jouissance.
Et la distance me rappelle mes lacunes les soirs d'épreuves. Elle
me dicte les messages de l'angoisse pendant que mes
déceptions me font des grimaces—elles singent au-dessus
de ma tempe toutes mes nuits d'insomnie.
Le printemps me demande sous le regard des fleurs fanées, le
printemps me demande :
« Mais de quelles couleurs sont les roses de ton cœur ? Dans
quel pays de ton âme poussent-elles ? »
Mais le temps me dit de me séparer de moi-même pour
répondre à ces questions. Puisque l'écart dissipe toujours
l'incertitude comme la raison, les ténèbres.
Mais si je me sépare de moi-même, je perdrai ma mémoire. Je

perdrai l'essence de ma rage. Et l'image de mère deviendra une omission de mes lumières. Et je crains l'omission comme le matricide—la rayure de maman dans ma mémoire.

XVIII

Ô mémoire des prisonniers du périple— les grands captifs de
l'absence.

Un homme pleure sa patrie dans le cortège des cafards : un
enfant des rayons pauvres de la voix des villes d'été.
Dix hivers ont suffi à son cœur pour chuter de la montagne des
remords. Dix hivers seulement.
Et le temps semble contracter avec les blessures éternelles de
l'homme. Avec la solitude des cadavres
Et avec toute l'angoisse des hommes angoissés.

Ses yeux chantent le cantique funèbre des ombres, et son âme
me confesse à l'heure des réminiscences :
« Père est mort au pays du soleil, mère aussi. Mais le pacte de la
sueur retient toujours mes pas en France. Et le salaire de
l'exil, c'est l'absence et le chagrin. »

XIX

Chagrin des chagrinés.

Ils fuient tous leurs pays pour la même raison—pour vivre. Car la
    vie est toujours ailleurs quand nos terres s'habillent de
    cendres, de cadavres et de sang.
La vie est ailleurs, toujours, lorsque la famine dévore
    l'espérance des jeunes à la poitrine de lion.
Lorsque le présent avance au rythme des tambours du trépas,
    et que chaque seconde se traduit par un tort.
Par la honte des jours de cauchemar.

Par l'égouttement de la fierté dans l'âme. Et ils fuient tous leurs
    patries pour vivre. Entendre un peu la mélodie des heures
    de lumière—les moments de sourire et de chant des oiseaux
    sur les branches des arbres debout.
Mais la vie porte dans d'autres contrées pour nom « étranger ».
    Le sais-tu ?
Les bouches des ignorants aiment toujours ce nom :

« Étranger ».

Car elles ne savent pas nommer la vie par son vrai nom. Par son
    nom pur qui voyage partout.
Le sais-tu ?

Elles ne savent pas nommer l'homme par la vie, par le souffle des vérités qui dépassent l'homme.

Elles l'appellent alors « étranger ». Mais le poème m'a dit :

« Entends « Vie » lorsque ces hommes t'appellent « étranger ». C'est qu'ils ne comprennent point le langage du chagrin. C'est qu'ils n'entendent point le bruit des balles qui hante tes sommeils. Les voix des enfants tombés de besoins dans ton pays. C'est qu'ils n'entendent vraiment rien. Car ces hommes sont sourds et aveugles, et bêtes, et méchants. Pardonne-leur leurs paroles, car ils ne savent pas ce qu'ils disent. »

XX

Ils disent de fausses légendes que rapportent partout les longs
murs moulins à paroles. Et l'horizon saigne de simulacres et
de mensonges au temps des croyances. Mais fini, fini les
prières des jours qu'apeurent les esprits.
Et voyez,

Ma légende a longtemps trouvé une voix sur les visages des
clowns et des comédiens. Et mon histoire racontée les soirs
de pleine lune, ne connaît aucun soleil dans leurs bouches.
Entendez,
Mes vérités ont toujours été ligotées dans l'exil des lettres de
lumière— vain sacrifice des livres écrits à l'encre de l'absence.
Comprenez,

J'ai toujours été l'image du calme de vos cathédrales et des
sermons de prêtres des ténèbres. Mais fini les prières des
jours qu'apeurent les esprits.
Car désormais, je deviens verset apocryphe et vérité d'un livre
de foi sans religion. Et lisez !
Car j'ai appris à avoir la grande gueule devant tout conteur
contant mal mes misères, ma légende, mon histoire.
J'ai appris à coloniser les silences qui éternisent mes
étouffements. À danser avec les premiers taureaux qui
accrochent leurs cornes à mes entrailles.
Et voyez.
J'ai appris à faire cendre, cendre toute parole de décadence. À

mourir et à disparaître pour ressusciter les belles créatures crucifiées de l'ombre comme ma peau.

XXI

« Mais peau de brûlure, le feu ne peut plus te consumer », me content les volcans des années de sommeil. C'est que la haine a dévoré toute ma chair. Les préjugés m'ont pris mon visage.

Et je deviens la poudre d'une parole de peine qui ne peut ni m'atteindre ni m'éteindre.

Vivant comme cette vérité sans ville. Vivant comme l'absence qui peuple l'intérieur des hommes nostalgiques.

Et devant le miroir des morsures, j'observe un homme qui s'observe quand l'aube lui dit : « Ton visage est un beau poème à écrire sur chaque cœur d'homme qui t'écoute. »

XXII

M'écoutent aujourd'hui mille bourrasques étouffées, oui moi,
    l'homme persécuté depuis le temps des ténèbres
Depuis l'âge des chaloupes de fièvre et des siècles des spectres
    chauves ! Écoutez cet homme de rage !
Les déserts du mépris tressent des îles de cruauté dans mon
    univers. Et mon étoile se noie dans la fureur injustifiée de
    ceux qui s'ignorent à tort– les racistes à temps plein.
Écoutez cet homme de rage !

Mon mal– le salaire des soleils d'injure–accouche mille éclipses
    au devers de mon ciel quand ils rient
Quand ils réveillent les tsunamis d'ignorance Et les haines de
    l'homme pour l'homme.
Et je tombe pour épouser les asphyxies millénaires. Mais la
    mort ne veut point de moi, car ma couleur l'apeure. Car je
    suis l'ennemie de ses convictions vétustes.
Mais si je t'affirme que mon pays est une parole de révolte, tu
    me diras sans doute :
« Le trépas est donc la capitale de ton pays. » Mais erreur ! Celui
    qui se révolte ne meurt jamais.

XXIII

Jamais la terre n'a été aussi terne à mes yeux. Mais rêveur des
    rêves de ton pays, me voici !
Je porte la bannière des nations d'essence et de flammes.
    J'habite l'ellipse des ruines.
Je prends en otage le ciel en souffrance
L'océan vomit mon souffle dans une pirogue

Et me voici rêvant les rêves de ton pays comme un citoyen des
    lumières.

Mais jamais la terre n'a été aussi terne à mes yeux. Mais rêveur
    des rêves de ton pays, me voici !
Ne me demande rien de mes origines. Rien de mes peurs et de
    mon destin enterré. Rien de ma ville de légende qui n'est
    que nostalgie dans ma poitrine. Car je n'ai point de réponses
    dans ma mémoire.
Et pourtant, et pourtant, mille certitudes de doute me
    submergent. Car je converse quelquefois avec les insultés de
    la terre— ceux qui ne rient que du rire des blessures.
Ne me demande rien sinon la couleur de la guérison. Rien
    sinon l'ombre de la fraternité dans mes yeux déchirés.
Ne me demande rien sinon l'horizon de mon repos—ton regard
    converti en colombe les jours de méfiance.

XXIV

Et ta méfiance mime les mélodies de mes sommeils traqués
lorsque danse le déluge au fond de mes tripes. Mais ne dis
ni adieu ni au revoir aux refrains de ma compagnie.
Apprends à composer des notes d'amour avec l'ombre de
ma présence.
Apprends à danser derrière les opinions fausses et les vérités
des mensonges.
Ces vérités sans vérités là-bas

Au lieu où ma main salue ton âme dans la souffrance des
étoiles qui naissent comme tombent nos croyances de
fêlure.
Ô apprends !

Apprends à lire les douces lettres de mes chagrins écrites avec
l'alphabet de l'exil,
Ces lettres écrites sur les tablettes des silences millénaires
Et sur les ardoises de nos yeux saignants depuis des siècles Ô
apprends !
Apprends à sourire du sourire des chiards les jours où le conflit
peuple chaque galaxie de ton cœur.
Car il te suffit de garder la verdure des feuilles du printemps de
mes larmes pour connaître mes étincelles,
Pour sonder mon intérieur plein de volcans et de villes étouffés.

Car il te suffit d'habiller ton visage de plénitude d'amour pour contempler toute la beauté de mon visage.

Toutes mes évidences complexes au milieu des rires bananias encore collés sur les murs invisibles des yeux d'hommes masqués.

Mais si tu refuses d'apprendre à composer des notes d'amour avec l'ombre de ma présence, seul le rouge sera tôt ou tard l'essence de ma révolte.

XXV

Et la révolte des révoltés,

La révolte coulera les offenses des immenses bouches de bave.
La révolte des visages rescapés et des gueules muselées par
des religions étrangères à leurs âmes.
Entendez frères !

Je ne suis point un homme de prière assis sur des bouts de
pierres sacrées, à l'intérieur des cathédrales et des
mosquées de pauvres. Je ne suis point épris d'amour de
mon prochain qui n'aime que le venin.
Non plus, je ne crois guère aux sacrements des masques
mimant des splendeurs d'évangile et de silence.
Entendez frères !

Vos bêtises tracent parfois des destinées de désert et de
ténèbres dans les rêves de mes frères de peau.
Et depuis Emmett Till, je cherche le visage de la justice dans les
villes des défigurés—ceux qui n'ont de villes que l'exil.
Entendez frères !

Depuis Floyd, flotte le fanion des temps de lynchage et de
violence dans la civilisation des vilains. Depuis Floyd, la
modernité gerbe les souffles gelés d'hommes pourtant si
près du soleil.
Et comprendrez-vous alors ma révolte quand les nuits seront

rouges de ma rage ? Quand par-delà les peines, le soleil fuira ma poitrine peuplée de pénombres ?

Mais comprendrez-vous alors ma révolte qui ne sera ni de sang ni de mort ? Ma révolte qui ne sera ni de feu ni de cendres ? Mais d'apocalypse et d'extinction de mes discours lorsque ma rage m'aura dit :

« Fini le temps de la parole. L'heure n'appartient plus au parfum des dialogues. Car l'évidence fait appel aux éclipses ».

XXVI

Et que s'éclipsent les rumeurs rimant avec les avis avilissants !
Que disent-elles, ces dames perçant dans ma peau, dans ma
couleur les transes étranges de leurs danses libidinales ?
Que disent-elles vraiment, ces dames ?

« Ah, la nature a bien gâté le black ; la nature trouve sa virilité
dans la verge du black. Ah, l'éden n'est jamais loin de
l'asperge du black. »
Et j'entends les rumeurs des reins de ces reines des glaces.
Elles épousent toutes la longueur de mon bâton dans leurs
têtes. Car je suis le pharaon de leurs fantasmes à outrance.

XXVII

Et à outrance, les rumeurs de décadence— les paroles
d'incertitude courant les rues en ces temps de trouble.
Mais je sais sans doute que le soleil circoncis te charme. Et sur
ta langue pèse le poids d'une parole de pudeur.
Accouche alors ces phrases d'un temps à naître, car ta bouche
est lourde de mille poèmes d'amour à présent.
Accouche cette fraternité sans couleurs connues, car les siècles
futurs appellent l'homme par une note de rêve à composer.
Accouche les pays des poèmes sur les pages arc-en-ciel de
l'avenir, car l'homme nouveau est simplement un homme
d'exil tout simple.
Mais je connais le vertige du défi dans ton âme sans ombre
tienne. Je connais les rumeurs sur les miroirs d'éloge sans
mine.
Je connais les chants d'échec que rythme chaque regard
d'homme aux idées de diable :
« L'exilé dévide l'horizon de tes cauchemars. L'exilé est le
démon de tes rêves. »
Mais sache à présent ce que je sais déjà : « le diable n'a point
de rêve, car le mensonge est son empire. »

XXVIII

Empire d'aubades où morfle souvent mon ombre. Ô toi homme du refus sans raison, entends-tu mon accent d'ailleurs— le cantique accidenté dans tes grandes oreilles de faille ?

Entends-tu d'autres sons que les voix de ma nudité ? D'autres sons que les belles sonorités de mon accent accentué— les échardes dans ton âme au souffle d'impertinence des bêtes ?

Et voici que le jour jouit de mes joies lorsque s'élève ma voix d'ailleurs. Lorsque dansent partout les anges au rythme des mélodies de mon accent d'ailleurs.

Et entends-tu ces notes qui hébergent l'identité des visages saluant la devise de France ? Entends-tu l'appel de ta patrie qui s'époumone dans la violence de tes vices sans visa ?

Encore mon accent dans ta bouche béante comme pour ouvrir un passage au pays de l'inique. Encore les démons qui dansent sur chaque parole dansant sur ta langue aux mots de misère.

Et encore mon parler dans tes humours fades qui épousent solennellement la monotonie des maladresses.

Entends-tu la voix des villes lointaines qui câlinent les collines que l'hiver menace de solitude ? Les montagnes qui cherchent la chaleur au cœur de l'absence ? Les cours d'eau sans chutes que le temps cruel colonise sous le regard des saisons figées ?

Homme de surdité et des détails abrutissant l'homme, qu'entends-tu lorsque ma bouche chante des notes d'amour de l'exilé ?

Qu'entends-tu au cœur de la nuit, à l'heure où chaque verbe de mon être fait appel à la solidarité des terres séparées ? À l'entente des hommes aux ambitions de frontières ?

Qu'entends-tu, toi homme de raison, lorsque tout en l'homme épouse les différences ?

XXIX

Les différences me font don de solitude dans mon exil. Et
maintenant que m'enrichissent les chemins muets, j'aimerais
coloniser ma couleur et les cicatrices des fantômes exilés.

Partir et vivre là où restent mes rêves à l'heure des cauchemars
sans raison d'être.

Partir et vivre dans les pays où les langues nomment l'amour
par son nom inconnu dans les terres des hommes chauvins.

Et passent les nuits sur ma peau sans âge depuis des nuits. Et
les jours révèlent les visages de tous mes frères de l'ombre
qu'assomment les prophéties des prophètes sans croyance.

Les jours révèlent les décombres des silences coupables que
l'ignominie éternise dans les remords.

Et longtemps, j'ai surfé sur une vague en viduité de l'océan parti
visiter les ponts du vide. Et longtemps, j'ai cru au silence
pour étouffer sans crainte mon blues.

Mais voici que l'exil vomit les séismes d'un adieu aux maîtres
d'antan de ma parole désormais souveraine.

Et voici que je marche dans la vallée des vivants lorsque me
torture chaque regard d'ignare.

Mais désormais, aucun mal ne m'atteint, aucun mal ne mord
mon âme, car le poème me suit comme l'ombre de l'absence
à midi.

Et je ne crains ni haine ni mépris d'hommes qui ne s'aiment que
dans la haine des étoiles filantes.

Je ne crains ni l'exil ni le mystère lorsque le doute m'héberge
pendant que l'aventure m'appelle.

Désormais, je suis l'hôte de l'incertain défiant tout soupçon de rejet. Et c'est dans la solitude que je retrouve la compagnie des songes que rien ne chasse de la mémoire.

XXX

Ma mémoire domine l'insomnie et l'oubli des aubes aveugles.
Et au minuit de mes rémissions, une chouette me dévisage
en même temps que la pleine lune de lait. Et voici que les
secondes se vêtent de ma tranquillité d'émigré que les
haines désuètes domptent.
Et rêveur à plein temps, je vois le ciel d'un songe scellé dans les
prophéties du soleil. Et à l'heure des grands discours de
désordre, aucun doute ne dort dans mon esprit pavoisé de
poèmes. Et j'écris les noms de mes frères et sœurs exilés sur
ma peau.
Oui, frères exilés et camarades d'exil !

Je vois vos réminiscences dans l'ombre de mes souffrances de
maturité les jours de folie.
Je vois la lumière des solitudes pompant les fièvres chroniques
de vos cœurs. Et l'horloge de votre pays devient désormais
une beauté incolore dans ma mémoire— un souvenir des
temps d'amour où les jours grimpent les humanités de
l'universel !
Oui, frères exilés et camarades d'exil !

Je vois vous saluer les foules venues des quatre coins de
l'absence. Les solitudes des siècles de choc et des volcans
étouffés par le silence des mânes. La nostalgie des miroirs
dans les yeux de vos frères fouettés par les vagues des
océans. Et je me lève pour saluer les spectres qui passent

dans l'ombre du passé.
Oui, frères exilés et camarades d'exil !

Vous qui voyez à présent le soleil et la lune dans mon azur
profond de déchirures, à l'heure des guérisons, chacune de
vos cicatrices raconte votre histoire.
Vous qui voyez la légende et les contes de mon âme au visage
d'orage, je vous salue dans chaque ville d'ailleurs qui tonne
vos nuits atones.
Je vous salue du salut du poète ayant fixé les visages de ses
frères de calvaire dans l'éternité du souvenir. Ô, je vous salue
en poète pour peindre l'horizon de vos songes sur l'éternité !

XXXI

L'éternité d'un poème à tisser les mémoires d'omission. Et toi le
poète d'ouverture, le poète de vertu, la poésie du souvenir
est faite de mystères profonds, de révoltes, de liberté de la
parole au parfum d'esprit !
Et point de venin, point de ténèbres dans les plumes de
réminiscence. Et point tout court, car je me refuse d'être un
couteau de toute humanité d'homme.
Mais toi, homme de fermeture, oui toi ! Que chuchotes-tu
quand passe mon ombre morose sur l'horizon de tes
convictions closes ?
« Habitant d'exil, ô étranger ! »

Mais l'amour aussi habite l'exil depuis hier comme un étranger.
Depuis le temps des peuples largués dans les rivières des
regards d'épines.
Depuis longtemps, et depuis les siècles de la chouette aux
chansons hantant le poème comme le poète.
Et entends, homme de fermeture, ô entends ! Si je te chante
que mon pays est un immense rêve de pharaon au clair de
l'histoire, tu me diras à ta façon :
« Ô poète ! »

Mais tout mon mal n'en sera que cendres. Lave dure sur les
terres blanches de neige. Écho parfait des spectres muets.
Car le poète est un rageux lorgnant toute possibilité de
bonheur. Car le poète est l'inconnu qui apporte toujours

l'éveil pendant les jours de sommeil.

Car le poète sait peindre les saisons de fleurs dans les âmes funèbres en période d'incertitude—l'émeute des meutes dans le monde des hommes. La bêtise des bêtes dans l'humanité des hommes.

Et toi, homme de fermeture, oui toi ! Sais-tu que je badigeonne mes blessures sur chaque parole tombant de ma bouche ? Sur chaque phrase que miment mes lèvres fendillées par mes cris taciturnes ? Sur chaque instant de dialogue où l'esprit devient le guide de la raison que ne guide que l'amour ?

Pinceau dans la gueule, je tonne des tableaux de poèmes aux figures d'homme. Je tonne des arabesques sonores d'entente. Je tonne des notes de colombes qui volent au-dessus de ton ciel de sottises.

XXXII

Les sottises des chiots et des sots de la terre. Me voici sur la
pointe des mots en secret de souffrance. Me voici
brandissant un drapeau déchiré—une bannière brûlée de nos
croyances de conte.
Et voyez,

Qui est-ce qui porte une éponge pour effacer les larmes sur les
expressions blanches d'injustice de mes frères ? Blanches de
la blancheur des préjugés que personne n'interroge ?
Blanches de la hargne des montagnes que l'homme
assomme à la tombée de la nuit ?
Voyez,

Aujourd'hui, vole la transe des sages au-dessus de ma peau—un
verbe de vérité sans races et sans couleurs connues. Un
verbe sans mœurs et sans coutumes des peuples saluant les
constellations d'incendies.
Voyez,

C'est l'heure de gravir le summum de nos lumières éteintes.
C'est le temps de peindre l'azur des printemps d'hommes
sans couleurs. C'est l'heure de faire table rase de toutes les
blessures mal cousues.
Voyez,

Il y avait hier de la barbarie dans nos bouches d'attentat. Car nous avons dit au soleil se soumettant aux ténèbres de se soumettre.

Car nous avons dit avec le vide de nos poitrines, l'ignominie des hommes d'honneur baissant la tête jusqu'à en mordre leurs droits, leurs libertés. Ah, nous avons dit ce que le Mal n'ose chuchoter à l'homme même par erreur !

Mais voyez,

Le ciel est obscur d'espérance aujourd'hui. Et l'amour résonne en nous comme les tambours des époques d'amour. Il dit des mots que le poète traduit en phases :

« L'humanité ne meurt jamais en l'homme ; elle est lumière. Ô, creusez vos ténèbres pour ressusciter vos soleils ! »

XXXIII

Le soleil du vacarme, le soleil venu des terres de la terre, je te nomme « possible » et nomme tes rayons « vies » ! Je te nomme « résurrection » de l'homme à l'orée de l'infortune.

Je te nomme, ô soleil, par les langues occultes des sorciers ensorcelant les ténèbres pour une dynamite d'amour—mille mains posées sur la table du poète.

Et voici que le cri se fait renouveau et voix de renaissance en ces temps de trouble. Bourrasque des aurores à naître dans chaque regard marqué du sceau de l'absence.

Et voici que renaît l'homme puisque doit renaître tout même l'horizon qui appelle l'humain par le nom des astres inconnus au grand visage d'exil !

Et voici que renaît tout, car tout doit renaître comme le corps comme le cœur comme l'esprit des époques d'innocence oubliées dans les songes du poème perdu.

Et doit renaître tout, ô soleil, pour que la raison conspire contre l'apocalypse et les convictions fausses dites à l'heure du doute !

Ô le soleil venu du vacarme !

Pourquoi rutiler encore de prophéties de déluge quand les certitudes sacrées assassinent l'homme depuis l'aube des évangiles et des versets de purge ?

Mais qu'ai-je dit aux jours à venir sinon la révolte ? Qu'ai-je dit aux hommes sinon les pluies d'orage purifiant la terre ? La guillotine des croyances de ténèbres ? Le glaive de la plume

sans langue en torsion ?
Ô le soleil venu du vacarme !

L'orage conjugue le calme au cœur des tonnerres. Et le bruit se
    fait cette renaissance à l'azur. Ô le soleil venu du vacarme, le
    soleil des terres de la terre qui cache de son ombre la
    résurrection de l'homme, entends la voix qui pardonne les
    dérives de l'homme. Entends…

XXXIV

Entends l'homme qui tonne de tonnerre dans l'âme des beautés étouffées ! Entends mon appel quand j'imprime le visage de l'exil sur l'horizon en manque d'ivresse.
Et voici que j'écris l'humain avec l'encre de ma mélanine mêlée de ton soleil de suffisance.
À fleur de rage, je déflore l'ignorance des yeux avec les souvenirs d'amour.
Je hante tes haines avec mes traumatismes d'émigré les jours d'ombre. Et entends le vacarme qui traduit mes grands messages d'amour.
Entends la voix des vérités dissipant les rumeurs et les clichés violents des villes qui respirent de ténèbres.
Car je veux croire en l'homme à fleur d'arc-en-ciel sur toutes les terres d'exil et d'hommes de couleur. Croire en l'homme qui crucifie les cruautés des instants de chaos millénaire.
Car je veux un monde pour nos ombres noires de la même noirceur d'ombre. Un monde de nos voix pareilles en dépit de nos accents que rythme la différence de nos cultures.

XXXV

Mais mille cultures brillent toujours de la même lumière de vérité absolue–l'homme.

Et ce matin, l'aube arrive dans ma chambre d'émigré en hôte. Et j'entends la voix des heures qui vocifèrent des valeurs communes.

J'entends les horloges qui chantent les chansons d'exil au milieu des foules de solitude. Et ce matin, les rumeurs tombent sur les trottoirs d'ailleurs.

À fleur de rage, les montagnes de l'âme chantent l'union ce matin. Et ce matin, l'amour est chose simple dans le cœur des hommes. Car ce matin, seul l'exil est ma cure lorsque tombent les silences.

Seul l'exil est ma cure

Aux cadavres des coutumes et aux victimes des traditions ;
aux cœurs saignant de désert après le départ de l'être aimé ;
l'amour reviendra tant que le rêve sera le soleil de l'amour.

I

Aujourd'hui, la nuit trouve refuge dans mes rétines quand ma poitrine accueille le chaos des ténèbres. Et tristes sont les oiseaux dans mon monde ; ils marchent avec leurs becs au lieu de voler ; ils ne planent plus dans les airs de mon ciel, et j'erre dans mon mal comme un damné agonisant sans jamais mourir. Les colères et les craintes me pénètrent. Et tout en moi fuit sans arrêt là-bas. Dans ce grand univers morne. Dans ce monde des songes gelés. Mais tout a le goût d'agonie dans le monde des songes gelés. Tout épouse la saveur des hémorragies de l'esprit. Le sel des fleurs sauvages de mes passions profondes. Et je bois mes maux à midi lorsque brûle mon cœur.

La nuit trouve refuge dans mes yeux quand mon regard est un océan d'éveil. Quand mes larmes sont les fleuves de mes visions. Quand le blanc de mes dents laisse voir les volcans en ébullition de mon âme loquace. Et je m'assois et pleure sans bruit quand tout le monde me voit rire. Car je ris pour soigner mon cœur en compote. Je ris pour mentir aux langues de lacune qui sucent mes mots, mes bruits. Je ris, mais mon rire est un voile de mon mal que je ne puis montrer aux hommes. Car le rire de mensonge est une échappatoire en temps de ténèbres, en temps de souffrance.

La nuit trouve refuge dans mes aubes quand mes torts sont des coutumes caduques de mon présent sans pays. Des coutumes caduques qui crachent mon enfer. Des croyances d'hommes aux certitudes de nœuds indénouables. Des lagunes d'épines au fond de mon corps – ce tombeau d'amour. Et j'insulte par colère les traditions et coutumes de mon peuple. J'insulte les certitudes de ma société qui étouffe la voix de mon cœur. J'insulte les us usés de tous les peuples qui tuent l'amour au nom des croyances. J'insulte les hommes– ces dépositaires des traditions vomissant les sangs d'hommes.

La nuit trouve refuge dans la fin de mes mimes d'enfant. Et l'insomnie devient le cauchemar de mes yeux. La mère des douleurs qui élève la lumière qui tue l'enfant dans le sein du poète qui pleure. La lumière qui fait du poète habitant de la terre qui ne sait vivre que sur terre. La lumière qui fait de cet habitant un homme de raison qui parle de sa vie au goût de deuil. Un homme de raison qui parle de lui quand la nuit trouve refuge dans ses insomnies, dans ses aubes et dans la fin de ses rêves d'enfant.

II

Et mes rêves d'enfant finis aujourd'hui, je vous quitte sans délai dans la nuit. Père et mère, je m'exile loin de votre société qui n'est plus cette société mienne. Je fuis dans une autre contrée, dans un autre pays d'ombre. Je fuis quelque part où je pourrai vivre avec l'ivresse de mon mal. Quelque part où je pourrai vivre avec l'amour de mes rêves sans coutumes. Quelque part où je pourrai vivre loin de vos convictions que vous aimez plus que le salut de mon âme.

Vous m'avez vomi, et je vous vomis aussi sur les pages tristes de ma poésie. Je vous crache dessus en plein jour avec mes mots qui domptent ma colère à flots. Insultez-moi si cela fait plaisir à vos cœurs sans âme. Traitez-moi d'ingrat et de tous les noms de Judas de l'humanité. Je n'ai que faire du mal de mes soi-disant péchés à votre égard.

Et désormais, je m'exile loin de vos dieux sans humanité. Je m'exile loin de ces voix qui n'existent plus en moi. Je m'exile loin de ces divinités qui ne vous dictent que les paroles de pauvre. Ces divinités qui vous soufflent mon enfer pendant que je souffre et pleure.

Vous les avez choisies, et je m'en vais loin de vos choix de folie. Je vous fuis, car vous avez choisi les coutumes de mes tumultes de peiné. Mais je choisis aujourd'hui les chemins de ma liberté aux ailes qui saignent.

Et désormais, je m'exile ailleurs et loin de vos croyances sans hommes. Je m'exile quelque part et loin de vos lois que je hais. Je m'exile, car je ne veux plus voir les pleurs de mon

Amour qui ne peut plus m'aimer à cause de vous. Mon Amour qui ne peut plus me toucher à cause de vos dieux de mépris. Mon Amour qui ne peut plus me sourire à cause de vos coutumes que j'ai vomies.

Père et mère, je m'en vais loin de vous et je m'exile ailleurs. Mon Amour s'est exilée loin de mon regard et je m'exile loin de vous. Mon Amour est partie à cause de vous, et je pars loin de vous.

Père et mère, je vous fuis et fuis cette société qui m'appelle constamment quand je passe dans les rues :

« Intouchable ! Paria indigne de Coumba » pour qui je suis touchable. Coumba qui m'aime plus que vos coutumes que je gerbe dans mes sommeils. Ma Coumba au cœur qui bat dans mon cœur, ô Coumba. »

III

Coumba, ô Coumba ! J'entends encore les sanglots de son destin dans mon cœur. Des océans de colère coulent dans ses paupières mouillées. Elle pleure ses espoirs pendant que vos langues disent les péchés de son âme. Elle appelle mon nom pendant que je vous fuis et m'éloigne d'elle.

Je l'entends crier au cœur de la nuit pauvre de mes sommeils ; au cœur de la nuit pauvre de son obscurité et de ses merveilles :

« Homme mon homme, où es-tu ? Homme mon homme, où vas-tu ?

Homme mon homme, laisse-moi fuir dans tes insomnies avec toi. »

Vos dieux pauvres d'humanité ne peuvent taire son amour aux cris de tonnerres. Et j'entends en elle ce que vos dieux ne peuvent entendre en elle.

Savez-vous que son être célèbre mon nom au lieu de louer les bêtises de vos croyances ? Savez-vous qu'elle m'aime plus qu'elle ne prie vos dieux ? Savez- vous que mon sourire à ses côtés vaut plus que les promesses de tous vos dieux réunis ? Car le paradis de Coumba est un rire d'amour perdu sur mon visage.

Coumba, ô Coumba ! J'entends encore les silences des arbres de son âme tonitruante. Les boucans des forêts de ses espoirs qui tombent. Les voix des montagnes de ses rêves qui s'étouffent dans son cœur. J'entends ses agonies encore

et encore dans mes blessures.
Coumba, ô Coumba ! Mais savez-vous que même prisonnière,
elle est libre de m'aimer et m'aime toujours ? Savez-vous que
je pisserai sur tous vos dieux pour contempler sa lumière ?
Mais ne le sait que celui qui sait que l'amour est contre toute
divinité qui est contre lui. Oui, contre toute divinité !

IV

Et contre toute divinité condamnant l'amour, je parle. Ô hommes de mes mouises que je maudis ! Vous me dites le sang des cieux et le sang des abîmes. La noblesse des dieux et l'erreur de la nature. Mais je ne suis point une faille de la terre qui meurt sans verdure. Un casté castré par vos dieux de malheur.

Mon ombre demeure une ombre d'homme en flammes. Ma chair est une chair d'homme vivant qui souffre et qui saigne. Et je suis ce que vous êtes, mais je fuis vos certitudes de bêtes.

Vous me clamez l'amour dit par des créatures qui n'existent que dans vos têtes. Et je vous dévoile les sentiments de mon cœur plus lourds que mille montagnes intrépides devant mille déluges. Mon amour ne peut être un buisson pour Coumba. Mais vos interdits cependant, oui ! Vos coutumes et traditions sont l'enfer de Coumba. Mais je ne puis être l'apocalypse de ses joies.

Je lui ai promis les merveilles des merveilles que vos dieux ont détruites. Je lui ai promis l'éden de mon regard que vos dieux ont assombri. Et mon Amour vit dans la brume à cause de vous. Mon Amour endure le manque à cause de vos dieux de mensonge. Mon Amour boit l'absence de son homme à cause des ombres de vos dieux qui ne savent être que des ombres.

Blasphème ? Certes, je blasphème sans regret aucun. J'insulte vos dieux qui sont contre mon amour pour Coumba. J'insulte vos croyances : les boucans de ma liesse d'aujourd'hui. Et qu'aurai-je à perdre alors que j'ai déjà tout perdu à cause de vous ? –les coutumes qui ont bercé mon enfance ? Les traditions qui ont porté les génies de mon innocence perdue ? – Qu'aurai-je vraiment à perdre alors que j'ai tout perdu ?

Et volontiers, j'échangerai un rire de Coumba contre toutes les promesses de vos coutumes. Contre toutes les divinités de vos dieux qui ne savent être que des dieux dans vos têtes et nulle part ailleurs.

Vous hommes de mes malheurs et des malheurs de mon Amour, un rire de Coumba vaut plus que toutes vos lumières dans mon cœur.

V

Mais toutes vos lumières sont des vents de catastrophe dans mon cœur. Des orages qui débusquent les oiseaux au ciel et dans leurs nids.

Et j'ai perçu les mots de vos bustes et les bêtises de vos regards. J'ai entendu l'ignorance de vos cœurs avec l'amour de mon Amour.

Et le ciel est sombre comme mon futur larmoyant depuis hier. Les nuages sont pauvres de leur blancheur, et ils meurent délavés au ciel. Dispersés. Fondus. Agonisants dans l'espace.

Vous vénérez vos dieux, vous aimez vos coutumes et ce qui m'abîme. Et je parle de vous comme les douleurs de mes plaies sanguinolentes.

Vous dites que vos dieux vous dictent les mots de mon destin déjà détruit. Mais je vous dis que vos dieux savent interdire, mais point aimer. Or, les dieux qui ignorent l'amour sont tous des faibles.

Vous dites que ma joie se fera sans Coumba qui larmoie depuis hier. Mais regardez dans mon âme cette vie de vertige. Vivre loin mon Amour, c'est déjà mourir sans destin.

VI

Mourir sans destin et sans patrie, qu'importe. Je m'en vais loin de mes lieux d'enfance et d'amour. Mais l'ami me dit de rester avec les miens pour toujours. L'ami me dit de vivre dans ce pays aux coutumes anti-amour. L'ami me dit de rester avec les éclats de notre sombre amitié. De vivre avec l'indifférence du regard des miens. Mais comment pourrai-je le faire alors qu'à présent les miens sont les venins de mon sein ?

Des fleuves d'amertumes coulent dans mes yeux auprès des miens. Ils m'appellent : « Majnoun de Coumba ». Ils maudissent mon amour pour Coumba. Ils méprisent ma passion plus ardente que leur mépris sans limites. Ils ignorent la profondeur de l'abîme de mon enfer.

Mais comment pourrai-je vivre auprès de ceux qui sont ivres d'ignorance de mon amour pour Coumba ? Comment pourrai-je contempler l'aube de mes espérances dans leurs yeux ? Le midi de mon bonheur dans leurs cœurs ? Le printemps de mon paradis dans le crépuscule de ma mouise ?

Comment pourrai-je sourire auprès des miens qui scellent les ciels de leur bonté à mon mal ? Mais comment pourrai-je vivre l'amitié de mon ami alors que mon cœur pleure ses vides ?

Brisé, je fuis tout le monde même l'ami lorsque me lorgne mon mal. Et désormais, je ne veux être l'ami de personne. Je ferme toutes les portes de mon azur qui saigne. Parce que sans amour, il n'y a point d'amitié pour moi. Sans amour, seule la souffrance m'accompagne. Et un homme qui souffre ne peut se lier d'amitié qu'avec ses blessures.

Mais l'ami me dit d'ouvrir les portes de mon mal à son amitié. L'ami me dit que l'amitié à la force d'amour. L'ami me dit tout ce que je ne veux guère entendre. Mais seul le silence de sa bouche m'est paix aujourd'hui. Ce temps pendant lequel je rêve de Coumba dans mes insomnies. Mais sans Coumba, aucun sentiment noble n'est noble dans ma poitrine. Aucun sentiment noble, et aucun et aucun…

VII

Et aucun bruit n'est un bruit dans ma tête à part les pleurs de mon Amour. Je respire son mal à des distances de son regard. Je sais qu'elle est assise dans son lit, solitaire.

Je sais qu'elle pleure et prie sans les dieux de mes pères. Je vois ses cheveux en bataille comme son esprit qui crie. Et je respire le parfum de son enfer à des distances des battements de ses cils.

Je sais qu'elle ne met plus rien dans sa bouche depuis des jours. Je sais que sa faim n'est qu'une faim d'amour. Je sais qu'elle boit ses larmes pour tenir. Qu'elle perd ses formes continuellement. Qu'elle dort dans ses insomnies sans arrêt. Et qu'elle égrène mon nom dans sa bouche toutes les nuits. Je sais…

Mais qui est-ce qui perçoit les sanglots de son corps à part mon cœur buvant son chaos ? Qui est-ce qui l'entend parfaitement vider les larmes de son ombre ? Le monde qui l'entoure est sourd face à son mal tonitruant. Son mal ne peut être entendu que par son fou de poète déçu.

VIII

Déçu, les vents soufflent le passé de mon futur. Les nuages portent des démons sur leur tête. Et le ciel est fissuré comme mon cœur qui éclate dans ma poitrine étouffée.

Mais qui est-ce qui dit que je suis parti pour revenir, parti pour fuir la honte de l'amour de mon Amour ?

Je suis parti, parti pour guérir loin des rumeurs. Guérir pour haïr tout ce que vous aimez. Je suis parti pour aimer l'être aimé à travers les fleurs de la souffrance qui germent dans la solitude et la distance. Aucune honte d'aimer ne me salue. Car j'aime Coumba plus que tous vos dieux de malheur. Et tous vos dieux sont des fantômes devant mon amour pour Coumba.

Je suis parti pour vivre comme tous les déçus de la vie. Seul l'exil est ma cure. Et je réponds à l'appel de l'ailleurs, car l'ailleurs est l'anxiolytique de l'âme en temps de peine.

Je suis parti pour humer les parfums d'amour de mon Amour dans les romarins qui poussent et que piétinent les passants en pleurs ; dans les arbres morts qui ne peuvent vivre encore nulle part ; et dans les lieux sans eau où même une petite goutte de larme est un miracle. Je suis parti pour donner vie à mon amour à travers tout ce qui meurt et que je tente de ressusciter par le poème.

Mais qui est-ce qui dit de mon cœur ce que mon cœur ignore et abhorre ? Qui est-ce qui dit de mon esprit ce que mon esprit n'a jamais pensé de Coumba et de mon amour pour Coumba ?

Je suis parti pour cueillir les beautés de notre passé dans les
pluies à venir. Dans le bleu du ciel assombri par la nuit sans
étoiles. Dans les rires partagés avec mon Amour, ces rires qui
montent toujours au ciel.

Je suis parti pour crier mon amour à tous les hommes que je
rencontrerai sur ma route. Parti pour être le conteur de ma
propre histoire avec ce que vous ne pouvez comprendre et
ressentir. Ah, mon amour pour mon Amour plus haute que
tous vos dieux ! Mon amour plus limpide que toutes vos
certitudes de sot.

IX

Et aucune certitude ne me sied à part la certitude de la misère. Je marche pieds nus, je rêve. Je pleure sous le ciel qui chiale à minuit. Et mon ombre fuit mon corps quand je m'assois sur les bancs des exilés. Quand je pense à Coumba dans les lieux de ma solitude. Quand je respire les parfums de ses lèvres sur les feuilles d'arbres qui chantent.

Mais je vois ses yeux pleins de larmes me fixer dans mes vides. Et je tombe en marchant comme elle pleure dans sa chambre, couchée.

Et assis, je suis dépouillé de mon regard depuis des jours. Mon visage fuit mes yeux sans arrêt. Ma poitrine est nostalgique de mes pouls. Et mon bonheur est un fantôme de ma vie quand je pense à Coumba. Quand je pense à son mal. Quand je pense aux démons qui se prennent pour ce qu'ils ne sont pas chez moi.

Et assis, les jours ne font plus jours depuis des jours dans mon monde. Le temps est constamment au crépuscule dans mon cœur. Et je hurle mes peines dans chaque parole qui s'échappe de ma bouche.

Mais sais-tu que pleurer par amour est encore de l'amour ? Sais-tu que mon cœur est toujours plein de fleurs même quand je souffre ? Sais-tu que je pleure quand mon Amour pleure ? Et sais-tu que mes larmes ne coulent que pour arroser les arbres de mon amour ?

Et assis, je suis le valet de la passion qui mord l'âme. Assis, tout mon être appartient à mon maître. Et je suis celui qui préfère l'amour de l'homme à celui des dieux. Je suis celui qui fuit sa société pour vivre l'aventure.

X

Car l'aventure m'a soufflé mille énigmes à l'aube de ma déchirure. Et je pars, je m'en vais dans les lieux de ma solitude. Car les énigmes font voyager mon cœur dans l'inconnu. Car mon cœur a égaré son soleil depuis des lustres. Car seule la douleur est devenue la boussole de ma vie d'exilé.

À présent, j'avance dans les forêts d'épines. Je marche perdu et triste partout. Les vents baissent la tête à ma rencontre. Les oiseaux oublient leurs plumes dans l'air quand je passe. Et ils chantent faux ma douleur tels les poétastres des bordels.

À présent, les miens ont poignardé mon soleil qui saigne. Mes rêves agonisent sur les pieds d'une aube qui ronfle mes doutes. Mon ciel est rouge d'amertume. Et je pleure partout où ma lune est une perle brisée en deux.

J'ai dit à mille quidams mon enfer. J'ai chanté Coumba devant les yeux de mille zèbres. J'ai dit aux arbres mes espoirs anéantis. Et ils ont tous perdu leurs feuilles par compassion et tristesse.

J'ai dit aux silences les paroles de mes secrets d'amour. Et mes secrets sont une haine des interdits tuant l'amour ; un amour de l'amour qui tue la haine. Ô des étincelles éteintes du sourire de ma muse !

XI

Ô ma muse, ô Coumba !

J'ai voulu être pour toi un chaos de tous les hommes sans couilles. Mais ces hommes sont les alliés des ombres sur terre. Ils n'écoutent que les voix des dieux puissants de la puissance de leur bêtise. Ne chantent que leur éloge assourdissant mon amour.
Coumba !

J'étais mort pour toi avant même de vivre pour toi. J'étais le cadavre futur de ton cœur.
Coumba !

Une momie dans le cercueil de nos coutumes avant ma naissance, j'étais déjà ce que les hommes ont décidé pour toi et moi—deux intouchables dans leurs regards de bête—.
Mais le poète m'a révélé qu'il nous manquait un présent[1] pour vivre nos folies. Mais allons dans le rêve à présent—l'exil du réel—. Allons-y comme deux enfants déçus en pleurs. Puisque les larmes des déçus font pousser des forêts d'espoirs. Allons-y comme deux enfants déçus en pleurs…

---

[1] Titre du premier poème de Mahmoud Darwich dans son recueil de poèmes « Le lit de l'étranger ».

XII

Et comme deux enfants déçus en pleurs, je sais que nous avons chevauché l'amour dans nos chutes. Nous avons connu l'entorse des cœurs à fleur d'amour. Nous avons enduré la fracture des chimères sans ciel. Et notre passion s'est exilée dans les destins du passé comme nous dans les ronces.

Vois-tu Coumba, la caravane de l'amour échappe aux aboiements des chiens, mais point à ceux des hommes. Et j'ai entendu les rumeurs des démons dans mes exils. Entre les fleuves de mes rêves et les routes de mes fuites. Mais les rumeurs semblent être les chaînes de mon être partout.

Et partout, j'ai entendu l'Étranger chantonner ton nom. Dans les pays où ton sourire est une déception d'amour. Et j'ai chantonné comme l'étranger ton nom en criant : « Coumba ! »

Mais aucun cri d'amour ne peut assourdir mon mal à présent. Car mon mal est un mal d'amour qui mime ses paroles. Un cri du soleil fendu à l'intérieur de mon âme. Et en exil, je célèbre ton nom pour sourire un peu à mon supplice.

XIII

Et je souris à mon supplice au milieu de la masse. Car partout, ton image est derrière les nuages. Partout, mes yeux sont pleins de tes larmes. Et mon regard porte partout tes robes déchirées.
Coumba !

L'Étranger m'a révélé les forêts de l'amour. Les contrées des cœurs qui miment leur mal. Les royaumes d'affres de ceux qui chantent le soleil fissuré. Mais tout y est en flammes, tout y est en désordre.
Coumba !

L'Étranger m'a révélé la solitude des amoureux riant dans la foule—un puits dans un puits sans eau ; un océan dans le ventre d'un monde perdu ; et un homme qui y résiste pour sa vie, pour son Amour sans cesse.
Coumba !

L'amour a pour autre nom la souffrance des êtres déçus. Et j'ai vu Majnoun de Leila porter le tombeau de son feu. Mais ses yeux comme deux soleils qui somnolent, illuminaient ses peines plus vastes que l'univers.
Coumba !

L'amour est un rêve réel de l'humain. Et l'Étranger m'a révélé l'asile des amoureux déçus. Mais le mien est dans ma souffrance, dans mes chagrins d'homme. Et je porte toujours mes peines d'amour pour mieux t'aimer.

XIV

T'aimer est donc la seule liberté qui me soumet à toi. Nul ne peut me l'interdire, ô Coumba ! Ni les hommes sur terre, ni les dieux là-bas. Autant mourir que fuir mon souffle dans tes mains.

Aujourd'hui, tes yeux sont mes étoiles dans mon coin. Je scrute le lointain d'un amour qui vole partout ; une colombe séparée de son nid couché dans le faîte d'un arbre coupé ; une colombe qui vole avec toutes ses plumes blanches qui tombent.

Et je contemple en vain l'espoir riant derrière la folie des hommes. Mais deux corbeaux chantent et chantent nos noms de déçus. Les grands hérauts de l'infortune qui coraillent nos destins :

« Vous pouvez toujours vous aimer, mais jamais vous lier devant les hommes ».

Et je parle avec la langue de ta bouche sans mots. Mes lèvres embrassent langoureusement tes silences. Et point d'écho pour les tonnerres de ton corps. Mais l'amour est une parole sonore dans ton cœur comme dans le mien.

Et que vaut la parole d'amour sans les paroles en vacarme ? Que valent les silences devant les paroles de bêtes ? L'Étranger me dit de vivre seulement l'amour, car là est l'essentiel.

Mais je sais que t'aimer, c'est déjà vivre l'amour profondément. Je sais que t'aimer, c'est déjà porter ton souffle dans mon souffle qui monte à travers les montagnes qui craquèlent et les falaises lointaines. Et partout où l'amour s'exprime mieux dans le silence.

Que de fois j'ai ignoré le bonheur de t'aimer dans mes solitudes. Car ma déception avait le goût d'un adieu dit à l'amour. Or, l'amour hait les au revoir autant que les adieux.

Que de fois j'ai couché ton image déchirée dans mes yeux. Ô Coumba au cœur qui rampe dans mon cœur ! Que de fois j'ai maudit les dieux de nos pères et de nos mères. Dans mes sommeils comme dans mes nuits d'insomnie. Car le cœur déçu n'a comme conseiller que la colère.

XV

Mais ma colère fuit ma poitrine désormais. Et ton amour est mon amour partout. Jamais, il n'a été un feu dans mon jardin fait de tes fleurs. Et j'en parle pour m'éterniser dans ton fond.

Mes jardins intimes sont verts de ta beauté froissée. Les forêts de mes yeux abritent tes colombes perdues. Et je respire les parfums de ton cœur qui me grise partout. Puisque je suis le pouls d'amour de ton sourire d'étoile.

Mon exil est ton exil, et tu le sais déjà. Mes pas sont tes pas sur toutes les terres d'ailleurs. Mais nous marchons ici, et dans ces pays sans drapeau–là où nos ombres sont colorées par des nuages qui souffrent.

Coumba au cœur qui rampe dans mon cœur ! Mes démons sont partout tes cauchemars de nuit. Mes larmes sont tes larmes qui tombent. Mais je ne pleure désormais que pour t'aimer chaque jour un peu plus.

Car notre passé n'est pas mort, il vit dans l'absence. Car la mort est une illusion pour le poète qui parle. Car notre passé s'est mué en mémoire de chagrin. En vestige de nos rires de rage. Et en ruine de merveille dans mon regard de poète en pleurs.

Coumba au cœur qui rampe dans mon cœur triste ! Rien ne meurt quand le poète parle aux lettres. Et quand il parle d'amour, ses mots deviennent des oiseaux qui s'envolent. Alors, lève la tête, et regarde ce ciel rempli de colibris.

Coumba au cœur qui rampe dans mon cœur ! Depuis quand ton sourire n'est plus la mélodie des tam-tams de mon exil ?

Depuis quand ton regard ne porte plus la flûte de mes voyages ? Sors de ta chambre, et dis ton amour avec tes doigts de laine.

XVI

Avec tes doigts de laine, j'ai parlé aux mystères des ruines. Et j'ai vu que l'exil est l'école des êtres déçus. Et dans mes nuits sans lune et dans mes jours sans soleil, j'ai appris à m'abreuver de tes leçons d'amour.

Je sais que tu es là-bas, et mon absence t'étreint. Mais tu es dans mon cœur un beau poème que je récite sans cesse.

En moi, une parole sacrée, un silence lourd d'amour tu es. Ô tu es dans ma poitrine ce que rien ne peut taire !

Sur terre, l'hivernage de mon âme pleut tes pleurs. Et les champs de mon cœur sont moites de tes peines. Mais tu es une verdure de ma vie, une récolte de mes sommeils. Et je t'aime partout comme j'aime l'amour que je te porte.

J'ai embrassé notre passé dans mes vertiges d'hier— le parfum des fleuves exilés dans le rêve. J'ai palpé ta douce peau de pluie dans mes nuits d'hier—la douceur des hibiscus offerts au temps en gésine.

J'ai épousé ton absence comme ton silence hier. À présent, tu es partout en moi une présence. Et l'Étranger m'a soigné de mon propre mal d'homme—tes larmes dans mon cœur si amoureux de ta lueur.

L'Étranger m'a montré les voies des rameaux d'olivier. Et je pars partout où ton lointain est proche de moi. Dans les pays de glaces, dans les régions de soleil. Je pars pour épouser ton lointain si doux sur ma voie.

Partout, je te vois et partout, je t'aime. Mon amour pour toi est le ciel de ma savane. Partout, je t'embrasse, partout, tu m'embrases. Car tu es un poème que je dis même dans mes sommeils.

J'ai chanté ton nom seul comme dans la foule. J'ai parlé de mon amour pour toi aux créatures invisibles. J'ai attrapé des abeilles pour leur confier mes secrets. Et elles m'ont piqué pour louer la dure vérité de notre amour.

J'ai dit aux herbes que piétinent les passants notre passion. Et les vents de midi ont entendu mon message à l'aube. Ils l'ont porté à tous les peinés sur terre. Mais je préfère te le dire uniquement dans un poème.

XVII

Car dans un poème, mon crépuscule crèche dans les nuées de
la nuit. Mais partout, c'est midi—le temps de ton soleil qui
annonce les étincelles de ma lune—. Le temps des colibris
qui se précipitent vers mon champ pour un chant. Et je mime
maintenant leurs mélodies avec ton nom.
Coumba.

Ton nom est le cantique de mon cœur d'enfant. Le chaos des
traditions et des dieux qui coulent dans l'esprit des hommes
honnissant l'amour.
Ton nom est le Graal de mon astre, le calice de mon étoile
d'homme. Et tout dans mon être se baigne dans la fontaine
de tes joues quand j'égrène tes soupirs avec mon regard
dans un poème.
Coumba !

J'épelle même dans mes sommeils ton nom mystique. Et les
corps célestes et les créatures des abîmes se réveillent et
dansent à la musique de ton nom. Et mon cœur et mon
esprit palpitent et se précipitent vers les fleuves de nectar.
Ton nom est une folie d'amour de ma lumière de vivant dans
un poème qui m'enivre.
Coumba !

Ils ont cru aux interdits des dieux et des coutumes des temps
sans dieux et sans coutumes. Ils ont cru à la malédiction de

nos sangs mêlés au souffle de nos souffles. L'amour des castés assis sur les bancs de braises de la séparation. Et le vent comme une locomotive de leur croyance était l'allié de mon mal. Mais dans un poème, il n'y a ni mal ni bien quand j'écris ton nom.

Ils ont cru me séparer de ton regard pour fixer dans le néant le regard de leurs dieux aveugles. Et j'en ai connu l'ivresse de l'enfer et les chutes des mots du poète dans le silence de l'amour.

Et le désespoir, et le désespoir, Coumba. Les colombes qui font une pause dans leur vol au ciel. Elles perdent leurs plumes dans le spectre des nuages gris et sombres. Et l'arrêt, et l'arrêt, Coumba. Mais avec ton nom dans un poème, tout épouse le mouvement dans mon regard de poète.

Et mon mal devient le fantôme d'un temps qui ne fait plus temps nulle part. Et je deviens l'arc-en-ciel dans tes yeux, dans tes rêves. Un bâillement de bonheur dans ta bouche au goût de goyave mûre. Je deviens un homme sans goutte de sang saignant d'amour pour toi dans un poème.

Coumba !

L'Étranger m'a dit que chanter sa bien-aimée abreuve bien l'âme. Et toutes les nuits, je tourne ton nom dans ma langue jusqu'à baver d'extase. Poésie de ma vie qui rime avec mes aurores ; je chante ton nom aux sonorités qui m'enchantent dans mes poèmes.

Coumba !

Ton nom dans un poème, c'est l'aube habillant mes oublis de

mémoire. Le souvenir des jours où ton soleil fit un clin d'œil d'amour à mon soleil. L'azur venant se réfugier dans tes yeux d'astre de l'été. Et moi, comme un enfant tétant de son regard ton regard.
Coumba !

L'Étranger m'a dit que chanter sa bien-aimée tue l'amertume de l'âme. Et ton nom dans un poème me ramène toujours aux chants des bienheureux. Et quand je te chante dans mes proses, tranquillement, j'ose enfin le repos.

XVIII

J'ose enfin le repos dans mes rêves d'amour. Longtemps, j'ai fui tes yeux pour fixer les rives de mon mal. Entre l'insomnie et le vertige de vivre. Les phalènes de mon regard sans ailes et sans couleur. Et moi, en vain te cherchant dans les entrailles de mon exil.

Mais béni soit l'Étranger qui a baigné mes yeux de flamme ! Le sage qui m'a chanté que nous sommes tous peuples des ronces. Les habitants des brèches de la nuit sans lune !

Béni soit l'Étranger qui m'a dit que le bonheur est un choix de l'âme ! Un moment d'oubli de ses troubles dans le flot des songes.

Béni soit l'Étranger qui m'a dit qu'ailleurs, c'est comme chez nous ! La lumière saigne dans l'ombre des solitudes populaires. Et le mal, le mal ailleurs. Il se vêt de verbes sans vertus et sans bien. Et l'homme, et l'homme ailleurs. Il reste toujours haut dans mille bassesses quand il condamne l'amour de deux cœurs mélancoliques.

Alors, béni soit l'Étranger, ô cet homme de vérité ! À ses côtés, j'ai su creuser la couleur de la rosée pour contempler ton visage. Vivre au seuil du manque avec ta présence là où mon cœur bat le futur de mes rires.

Et à présent, je sais que te voir même dans mon enfer est bien. Et ne pas te voir, c'est déjà quelque chose de merveilleux—un instant d'étincelles de nos aubes dans l'univers : le rêve dans un monde de cauchemar.

Béni soit l'Étranger qui m'a chanté l'incertitude de ma vie ! Et aujourd'hui, j'aime à écrire mes doutes de poète ; ces lumières à mille visages obscurs. J'aime à voir les arbres de mon chagrin ayant laissé dans mon intérieur des feuilles de ton amour ; toutes ces vertes feuilles de ton azur aujourd'hui brisé.

Et j'ose enfin le repos, oui Coumba ! J'ose le repos dans le rappel de nos rêves d'hier. Nos châteaux sur un arc-en-ciel qui pleut des tournesols.

Oui Coumba ! C'est dans les ruines de nos rêves que je trouve l'harmonie de nos jours de passion. Ces jours sans couleurs connues des dieux. Et j'ose le repos quand je pense à toi dans mes rêves.

XIX

Et dans mes rêves, à l'arrière contrée de mes soupçons, je souris et chiale devant un autre visage sans regard. Mais rien n'est pourtant de la peine dans mon sein lorsque mes yeux se dessillent.
Une ombre en moi te cherche partout, Coumba. Une ombre de mon ombre inconnue qui tonne ton nom dans mes sommeils. Et à mon réveil, je reste avec les gouttes de ses mots sur ma langue léchant ta lumière.
Coumba.

L'autre jour, elle m'a parlé de tes silences et de ton nom de femme des forêts de Casamance[2]. Mais j'éprouve tes silences et je connais ton nom. Je connais les coins et recoins de tes mots de beurre de palme. Et je connais le goût de tes salives dans ma bouche d'homme friand de tes baisers.
Coumba.

Je connais les courants de tes mains de vague qui coulent sur mon corps de nuit. Et tes rêves de femme-enfant. Et tes cauchemars dans cette société qui ne fait plus société avec les femmes.
Coumba.

---

[2] Région se situant au sud du Sénégal.

L'autre jour, elle m'a parlé de tes pleurs de femme auprès des hommes sans féminité. Mais moi, je suis plein de ta plénitude d'absence. Et ma poitrine est imbue de tes traits de femme en pleurs.
Coumba, sache que je suis l'article de ta féminité sans faille.

XX

Sans faille, je te dirai partout mon amour. Et partout, je pisserai sur l'inégalité entre les hommes et les femmes pour toi.

Ah Coumba ! L'Étranger dit que partout les femmes deviennent chauves de souffrance. Partout, le mâle les vieillit. Partout, elles se vautrent avec des volcans de venin comme oreillers.

Et j'ai vu de mes yeux Sisyphe dans les cieux de leurs yeux. J'ai vu les griffes des démons aux couilles sans boules dans leurs cœurs. J'ai vu les traces des croyances stériles au devers de leurs fonds.

Ah Coumba ! Partout, les femmes tombent, tombent avant l'heure de leur repos. Partout, elles côtoient l'enfer des hommes iniques, les hommes qui veulent être des hommes dans le chaos. Des hommes qui dansent et dansent partout la danse du diable.

Et j'ai vu mille femmes souillées par des salauds dans mon exil. Mille femmes avec des pagnes déchirés à terre. Mille femmes lourdes d'épines à cause des hommes au cœur de rien.

J'ai vu mille femmes perdre les rayons de leur soleil à l'heure du soleil ; dans les routes de l'exil comme dans les forêts sans nom.

Et j'ai eu honte d'être un homme, Coumba. Honte de voir ce que l'homme peut faire à la femme. Honte de vivre avec ces images tatouées à l'intérieur de mon esprit déchiré. Honte et honte, Coumba.

Mais j'ai vu dans le regard de certaines femmes une soif de

justice dans mon exil. Et aujourd'hui, je souris quand l'Étranger chante que partout les femmes commencent à dire non. Partout, elles lèvent le poing même assises. Et une seule femme debout vaut plus que mille hommes levés.

XXI

Levées peut-être, le seront un jour nos lumières. Devant les hommes et leurs dieux couchés. Demain, j'aimerais tant te le dire.

Ou aujourd'hui.

Ou maintenant.

Ou là ce soir. Mais nib, ma douce Coumba.

Car l'aube de notre union est encore très loin de nous. Car la bêtise est encore vivante quand je vivote ailleurs. Quand ma lumière de poète brille pour toi ailleurs. Quand j'aliène tout de moi à ton cœur ailleurs. Et tu sais qu'un poète amoureux fait toujours exploser le silence.

Mais l'Étranger m'a dit que le jour de notre union est très loin de nous-mêmes. Car la bêtise ne vit que des chutes de nos regards d'innocent—nos étoiles qui tombent dans nos vides. Et tu sais que nos astres sont déjà des cendres de nos coutumes.

Et l'Étranger m'a dit qu'à l'heure de l'éveil, le rêve s'exile dans les pays de l'âme. Mais dans quel pays de l'âme ? Et où sont nos rêves aujourd'hui ?

Et l'Étranger me répond :

« Là où vous voulez qu'ils soient. »

Mais je veux qu'ils soient dans le soleil de nos seins volcaniques. Je veux qu'ils soient là-bas, Coumba ! Dans ce lieu où la seule coutume du cœur est l'amour. Car debout, là-bas, l'amour peut exister même sans union.

XXII

Et même sans union, je te reviendrai un jour comme les
    lamantins vont boire à la source[3]. Comme des larmes de joie.
Intimement. Et fièrement.
Je serai dans ton sein comme ces oiseaux qui reviennent
    toujours nourrir leurs petits. Car j'ai encore des matins à
    cueillir dans tes yeux. Mille aubes à peindre de ta beauté.
Promis Coumba, un jour, je te reviendrai avec mon soleil cousu.
    Un jour, mon soleil boira avec ta lune le nectar de l'union. Et
    ses rayons, Coumba ? Ils tiendront les deux bouts de ta robe
    déchirée. Et moi, Coumba ? J'irai visiter le pays de ton rire
    avec mes yeux. Avec mes doigts. Avec mon corps. J'irai là-
    bas avec tout ce qui renvoie à la plénitude de mes sens.
Tranquillement.

Silencieusement.

Et avec mes soupirs.

Promis Coumba, ni coutumes ni traditions ne pourront m'en
    empêcher ce jour. Car je planterai mes graines dans ta terre.
    Et ad vitam æternam, je baisserai les yeux pour contempler
    la plus éclatante étoile à mes côtés, toi Coumba.
Et je le sais sincèrement, je serai beau de nos songes enfin

---

[3] Intitulé de la postface du recueil de poèmes *Éthiopiques* de
Léopold Sédar Senghor.

réalisés ce jour. Et les dieux de nos pères et mères seront laids de nos joies. Tristes de nos sourires verts sur nos rêves vivants.
Profondément laids.

Et profondément tristes.

Promis Coumba, je te reviendrai un jour avec toute mon innocence. Car l'exil m'aura soigné. Et ce cauchemar de nos cœurs aura bien été ce jour, certes, une cicatrice de notre passé. Une renaissance. Une mémoire de notre histoire.

XXIII

La mémoire de notre histoire sous les arbres millénaires ; à travers les chants des baobabs à la voix de chat : dans les rizières de rires, dans les forêts de bambous ; sur les longues lianes du souffle, les lianes dans nos regards de mante religieuse.

Et jadis coulaient dans nos regards d'enfant des rivières de pierres précieuses. Des rubis à la couleur de poèmes perdus. Des gemmes à la brillance des cheveux de l'aube.

Et je me rappelle Coumba. Je me rappelle chaque éclat de chaque beauté de nos joies. Les éclats à mille étincelles de merveille : ton sourire de bonheur dans mes yeux de poète.

Et Coumba, combien de fois j'ai emprisonné ta chaleur dans ma bouche ; la musique de ton sein dans ma tête, à côté de ton soleil assis priant dans mon cœur riant ?

Combien de fois j'ai laissé mes souvenirs d'homme dans tes yeux de ciel étoilé ; toute mon histoire d'homme dans les labyrinthes de ton intimité pleine de secrets ?

Et voilà qu'aujourd'hui l'exil exhibe mon histoire loin de toi. Et les larmes de souvenir, et la nostalgie de l'âme. Mais il n'y a que toi dans chaque parcelle de mon histoire racontée. Et quel futur pour mon âme sinon cette plénitude de l'amour de ton amour ?

Et je me rappelle les promesses de nos mains dans les bois sacrés ; nos regards de perle sur nos corps en feu. Et cette nuit Coumba ? Oui, cette nuit de folie de nos cœurs ! Cette nuit de liberté et d'ivresse. Ah, cette nuit Coumba ! Cette nuit sans nuit... L'eau de ton corps comme un fleuve de douceur sur ma peau.

XXIV

Mais aujourd'hui sur ma peau se taisent tes câlins d'hier—les vagues d'euphorie dans mon jeune corps noir—. J'aimerais davantage humer le parfum de tes pores, et faire pousser partout les fleurs de mes sens dans tes bras de coton. J'aimerais sentir ta peau sur ma peau de nuit, Coumba.

Mais ma peau de nuit souffre aujourd'hui ailleurs. Cette peau de vie dans tes yeux de glaçons éparpillés, Coumba, elle est comme une nuit méprisée ailleurs. Une blessure dans les regards d'hommes sans ombres d'homme, ma peau ne fait point peau dans leurs yeux sans regards. Dans leurs cœurs portant les sentiments qui mentent à leurs âmes.

Mais comme j'ai souffert, Coumba. Et plus que chez nous, peut-être. Et peut-être, plus que les coups de nos coutumes contant les interdits des dieux de nos pères et mères. Et plus que tout, peut-être, j'ai souffert des flèches de chacun de leurs mots de haine pénétrant ma peau, Coumba.

Mais le poète dit que ces hommes sont des gens qui se trompent de colère[4]. Et un homme qui se trompe de colère est une bête, une grande bête, Coumba. Et une bête lèse toujours l'homme sans le savoir.

---

[4] Citation du poète président Léopold Sédar Senghor. Citation complète : « Les racistes sont des gens qui se trompent de colère. »

XXV

Mais sans le savoir, j'ai été en colère contre tous mes ressentis depuis mon exil. Et continuellement, mes colères sont restées des amas de nuages dans l'azur de nos lumières.
Vois-tu, Amour !

L'étranger me dit d'aimer mes colères avec ton amour. De vivre avec leurs flammes dans le fleuve de ton cœur. Mais je me suspends dans tes rêves de femme fabuleuse quand je rêve de toi. Quand je rêve de tes espoirs qui deviennent les étincelles de mes visions de poète.
Amour !

L'Étranger me dit que le rêve est le nom pur du désir. Mais le désir meurt avec la colère. Et pourtant, et pourtant, je brûle et je rêve de toi lorsque mon feu me consume. Et pourtant, tes désirs sont miens même quand je fuis mon calme, même quand ton absence est un volcan qui siège dans mon océan de mal.

XXVI

Voici mon mal aujourd'hui réveillé avant moi. Mes yeux ouverts et loin des jardins de mes rêves, ailleurs, dans le pays de mes peines, là où tu demeures la présence de mes réalités immatures.

Ce matin, la pluie tombe ici comme les lumières qui tombent dans le crépuscule. Ce matin, rien ne chante et rien ne se tait. Ni mon cœur ni les feuilles des arbres que le vent transforme en flûte. Rien ne chante et rien ne se tait. Mais tout parle pourtant d'amour au fond de ma foi.

Ce matin, je suis malade et transi de mes espoirs colorés de tes peurs. Et je fuis mes poèmes. Car ils hébergent un vide que je porte déjà dans mon sein. Un manque qui mange mes songes comme les jours dévorent mon temps.

Ce matin, ma poitrine enfile un habit de deuil quand je pense à toi. Car la nostalgie demeure un immense drap blanc de mon feu. Et je tente de dormir dans un beau passé— ce temps qui s'est mué en mille souvenirs d'un après-midi qui cache l'éternité—.

Et me voici couché et couvert par le brouillard de mon mal. Ce matin, je vois tes formes dans la musique de l'hivernage. Dans la pluie battant le tam-tam sur les toits de zinc. Ce matin, tu es une musique aux notes de chouette dans mon cœur qui boit ton absence.

Et ce matin, je connais le vertige de l'éveil. Je connais les doutes de l'amoureux qui vit du lointain de l'être aimé. Je connais le spleen d'un poète amoureux en exil— la douleur d'un papillon aux ailes à moitié coupées. La souffrance d'un arbre criant de soif dans le désert. Et un homme pleurant sa vie dans les souvenirs de sa beauté fanée.

Ce matin, le temps ne signifie rien à mes yeux. Il rompt mes rêves quand je te cherche dans ma solitude. Mais je sais t'attendre au seuil du manque. Là où mon souffle est l'essence de ton souffle. Ce matin, je passe tout mon temps à te chercher dans chaque objet que je fixe. Mais je ne vois rien de toi dans mon lit. Je ne vois que ton absence et mon manque en larmes. Et ce matin, je suis triste et je dors… Triste de te savoir en moi sans te voir.

XXVII

Mais sans te voir, je réponds à l'appel de ma vacuité de vivant. Et les termites bâtissent leurs geôles dans mon esprit d'homme assis. Mais l'exil dessine tes libertés sur les arabesques invisibles de mes songes ; sur les volutes de mon âme qui fait corps avec ton âme de lune. Et je te cherche sur tous les tableaux que peint la douceur de mon cœur.

L'Étranger me souffle, Coumba… Il me souffle que la beauté de l'amour demeure une élégie de l'âme. Et je fais de ma passion un cantique de tes yeux dans la nuit. Une prière des jours sans vêpres, sans soleil. Et me voici comme une lumière de tes silences qui explosent et deviennent un big-bang d'espoir.

Sans te voir, Coumba, je comprends les palabres de mes soupçons continuels. Les certitudes de mes vagues à l'âme au milieu de ma finitude océane. Et mon amour, et son soleil ? Et ton amour dans l'univers de mon amour ? À présent, je comprends tout avec l'espoir de te revoir demain.

Et avec l'espoir, un tourbillon au fond de mon être, les parfums des ruines des souffrances vieilles comme l'amour, je t'aime malgré toutes les souffrances que j'endure.

Ah, Coumba, l'espoir ! Si seulement je pouvais te dire ce qu'est l'espoir… Peut-être l'amour des jours sans sang du regard. Peut-être une colombe blessée qui cherche un nid dans les lieux sans vie. Ou un arbre sur lequel se pose une étoile perdue pour guérir. Guérir demain, Coumba. Guérir un jour...

À propos de l'auteur

Auteur du recueil de poèmes *Démons ou anges ?* paru aux Éditions Harmattan-Sénégal en 2018, **Zacharia Sall** est originaire du Sénégal et vit en France. Il poursuit actuellement ses études en Ingénierie de formation Master II à la FDE de Montpellier. Il est lauréat du **Prix International de Poésie Léopold Sédar Senghor 2021** (Section E), après avoir été finaliste de l'édition 2020.

Il est membre actif de l'association poétique *L'Appeau'Strophe* de Montpellier et collabore en qualité d'analyste littéraire avec le blog *Les Biscottes Littéraires* basé au Bénin. Il collabore avec le Centre culturel Maurice Cadet, basé en Haïti, pour animer en asynchrone des ateliers de créations littéraires et d'esthétique avec les jeunes de ce centre.

Il a travaillé en qualité de rédacteur en chef de la *Revue Littéraire et Artistique Débridé* à l'occasion de la sortie de son premier numéro. Il est membre du jury du prix national de poésie organisé par le collectif *Parlons Poésie*, au Sénégal. Il a participé aux numéros de plusieurs revues poétiques dont la revue *Lettre d'hivernage* de la maison d'édition la Kainfristanaise.

Zacharia Sall conçoit la poésie comme une quête de langage, une façon de s'approcher et/ou d'atteindre le dire primitif, ce parler que peut comprendre toute âme sensible. Pour lui, la poésie n'est pas que dans le poème, en vers ou en prose, elle n'est pas qu'enfermée dans les murs des pages d'un livre, elle est en réalité en tout et partout. Sa démarche poétique consiste à dire toujours sa poésie devant des âmes qui battent de vie, devant un public au souffle de beauté. Il faut que le poème ait une destination, et sa destination est l'autre. Car l'altérité est la vie du poème.

Du même auteur

DÉMONS OU ANGES ?, poésie, *Éditions L'Harmattan Sénégal*, 2018.

LORSQUE TOMBENT LES SILENCES, suivi de SEUL L'EXIL EST MA CURE, poésie, *Pierre Turcotte Éditeur*, 2022.

Seul l'exil est ma cure

Chez Pierre Turcotte Éditeur
Collection Magma Poésie

Pierre Turcotte
Calme brûlant

Marcel Dugas
Paroles en liberté

Natalia Santa-Olalla Temboury
Nos-otros [espagnol]

Laurence Chaudouët
Éclats

Christophe Condello
Entre l'être et l'oubli

Joseph Quesnel
Œuvres complètes

Nadège Broustau
Prendre son pays pour un cheval

Line Mc Murray
Le cabinet des humeurs

Zacharia Sall

Lorsque tombent les silences, suivi de *Seul l'exil est ma cure*

Seul l'exil est ma cure

Ce volume est le no 9 de la Collection Magma Poésie.

Pierre Turcotte Éditeur
10393, avenue Christophe-Colomb
Montréal (Québec) H2C 2V1
Canada

https ://www.pierreturcotte.com/

turcotte.pierre@gmail.com